MULTIPLICADA EN MÍ

JUANA M. RAMOS

MULTIPLICADA EN MÍ

artepoética
press

NUEVA YORK, 2014

Title: Multiplicada en mí
ISBN-10:1940075084
ISBN-13:978-1-940075-08-2

Design: © Ana Paola González
Cover: © Jhon Aguasaco
Author's photo by: © Edna G. Pérez
Editor in chief: Carlos Aguasaco
E-mail: carlos@artepoetica.com
Mail: 38-38 215 Place, Bayside, NY 11361, USA.

Gracias:

A mi madre por las distancias impuestas para darme un porvenir.

A Edna por su apoyo y por los silencios que me permitieron escuchar mi propia voz.

A Yrene Santos por su tiempo, aciertos y palabras que acompañan este libro.

A Tomás Galán por sus consejos y su oído diestro.

A Carlos Aguasaco por su confianza, talento y trabajo
para hacer realidad este proyecto.

A Sergio Andruccioli por compartir sus versos en los
resquicios de los martes y los jueves.

A Margarita Drago por darme la luz para verme fragmentada
y la posibilidad de hilvanar cada retazo de mí.

Contenido

Prólogo original a la primera edición

La poesía es un canto a la vida, a muchas vidas; un canto a la muerte, a muchas muertes. El poema es un cuerpo habitado de palabras y las palabras en el poema son una catarsis del alma que ha sido convocada a participar en reuniones múltiples y constantes donde el sujeto se cuestionará su existencia, defenderá sus ideas, sentimientos y filosofía sobre la vida. *Multiplicada en mí*, es el primer poemario de Juana M. Ramos, un parto que felizmente llega en este "abril de sin embargos…" "Abril de lo que soy, abril de lo que he sido". Oriunda de El Salvador, Ramos se mueve, deconstruye, se deshace y se reconstruye en Nueva York y nos muestra su territorio atisbado de realidades y metáforas con las que convive diariamente. *Multiplicada en mí* es la voz poética que se reclama, se culpa, se ofrece, se entrega y se juzga. Es el cuerpo que recibe con los brazos abiertos los regalos de la vida y al mismo tiempo ante un inmenso espejo se mira asustada, herida, inquieta, gozosa, jugando seriamente con todos los retratos posibles de una mujer que busca descubrirse y aferrarse al más mínimo instante que le provea plenitud, conocimiento y seguridad en sí misma. Con gran entusiasmo recibamos este regalo, este nuevo libro donde cada uno de sus lectores encontrará una pregunta, una respuesta, un temblor, una sensación, un motivo para una nueva discusión sobre la existencia.

Yrene Santos

Cuando a la casa del lenguaje se le vuela el tejado
y las palabras no guarecen,
yo hablo.

Alejandra Pizarnik

A VECES QUISIERA...

...escupirme la memoria
o dar de golpe a mi recuerdo
hasta hacerlo desangrar.
Y es que a veces quisiera con mis ojos,
arrodillar tus besos ante cada deseo,
tu cuerpo: mueble que pasó
por muchas manos,
que conserva su brillo, su color.
A veces quisiera no verte, como hoy,
y te siento y me hueles a cualquiera,
te escucho y me suenas a distancia,
te miro y me doy cuenta que eres nada.
A veces quisiera no pensar,
porque pienso y me convenzo que eres cama,
el lugar donde descansan tantos cuerpos.
Y me lleno de odio y miedo,
me veo en tu cuerpo, mi cama,
haciéndole el amor a mi palabra.
A veces quisiera no volver a escribir,
porque cada verso significa mis errores,
porque con ellos puedo amarte u odiarte,
abrazarme a lo que dejas.

ABRIL

Esqueleto de abril
que conservas la frialdad de tu mirada,
yaces entre versos flagelados
pronunciados en la bruma de su ausencia.
Abril de lo que soy,
abril de lo que he sido
de lunas y pupilas que erraron el camino.
Abril desenterrado
que vuelvo y te sepulto,
en ti se han calcinado
los gestos y momentos
y la inverosimilitud de un beso tentador,
que ahora sé que no fue un beso.
Que me perdí
en el gemir incontrolable de sus yemas
y arrodillé mi orgullo
ante el breve palpitar de sus curvas húmedas,
que en mi lengua aletargada
se impregnaron los despojos
de sus besos fermentados.
A mi abril de sin embargos
que se vistió de doce meses,
que si lloré en tu hombro
y me oculté tras de tu noche,
que si olvidé una lágrima
en el espejo abandonado de tu suerte.
Me cambiaste el olor de su mañana
por la fría indiferencia de su espalda,
la ternura de sus besos
por un falso palpitar que aún se advierte,
el atardecer en el balcón de sus caricias
por la noche desolada,
sus ojos vacilantes

por excusas que carecen de razones,
el pulso de sus sueños
por la cómplice nostalgia de su adiós.

AL TIEMPO

A veces me siento desvanecer
como lo hace el tiempo entre mis manos.
Las ávidas sonrisas asesinan
el último minuto que me queda.
Es que el tiempo
ya me huele a melancolía,
me fragmenta el pensamiento
en el embate inesperado de sus dedos.
No puedo negar que me alcanzaste
hasta aliviarme las tristezas,
hasta envolverme en sus ojos
y vestirme de su olor
y llenarme los silencios con su voz.
Pero es tu sombra
la que está delante mío
advirtiéndole a mi paso ya exangüe
que tú eres el dios de mi momento,
atisbando a mi mente
con furtivos y lánguidos recuerdos,
exigiéndole a mi boca olvidada
que comience el camino hacia sus besos.
Día a día
agonizas en mi cuerpo, tu azul templo,
y me veo al espejo
y eres tú, tiempo,
desvencijándome los párpados.
Pero creo en ti
tiempo ensimismado,
aunque mis palabras y las suyas
marquen el límite de tu existencia.

DIEZ DE OCTUBRE

Una mujer arrastra, circular, su sombra...
Se diría que ha sufrido una particular guerra relámpago.
Vive silente.
Sylvia Plath

De blanco
iglesia y promesas
caminata sigilosa de pasillo
y tú a esconderte en su costilla.
Sonrisas e invitados,
yo, en la distancia,
como quien huye de su funeral,
en un diez de octubre
que se revuelca a diario
en el año aquel.

TU CUERPO

Guardo en mi almohada
saliva y sudor,
encuentro indigno de recordar.
Rozo los bordes de tus encajes,
mentira si escucho,
verdad si me pierdo.
A tientas,
a paso muy lento,
atrapada, adiós.
Un sube y yo bajo
en tu ser, en tu estar,
revolcando caricias
en tu pecho, indigna sepultura.
Un baja y yo subo,
deslizas tu lengua,
un toco y me vuelvo
vomitando ansias.
Cayéndose al suelo
mi cordura: de pie en retirada,
mordiendo los celos
levanto mis ojos
que con tu intento se atragantan.
Y estoy allí, sola,
saciándote un viejo arrebato.
Cuelgan los gemidos de mis labios,
no terminas de doler:
cómo angustian tus encantos.

LA OFRENDA

Una rosa en cuyos pétalos
mis dedos escondidos,
desafío absurdo
de rozarte con su efímera presencia.
Vuelta de cumplirte tu pedido,
no habrá otra que irrumpa
en tu calma acostumbrada.

EL REINO DE LOS CELOS

Maldito sea este momento
por dejarme abrir los ojos,
por dejarme oír mi voz.
Maldita seas circunstancia
que me quitas aun sin darme,
que me llenas de suprema cobardía
y me condenas sin siquiera someterme
a ese juicio que sentada siempre espero,
que arrebatas de mis manos
el instante de besarle entre mis sábanas.
Maldita tu ausencia
por hacerme cosquillitas
justo en el costado,
por haberte aposentado a mi derecha.
Maldito el que maldice
con las luces apagadas,
el que escupe los secretos
con un nudo en la garganta,
quien subasta sus latidos,
el que muere en una cama
ajena o alquilada.
Maldito aquel que espera
desempolvarme la memoria
con un cruel desengaño,
quien alumbra y me deslumbra,
y se empeña en retenerme,
quien me hurga los dilemas,
me alcanza, me traspasa,
me arrebata en despedida.
Maldito sea aquel
que atraviesa mis deseos,
quien me quiere por completo
y se entrega de a pedazos
y se adueña en confesión
del reino de mis celos.

HISTORIANDO

Parte ahora de esa historia,
de tropezar con esos ojos
que no alcanzan a mirarme,
de arrastrar mis órganos vitales
tras tu propia retirada,
de aplazar los sentimientos.
Con mis ganas vapuleadas
por tu dulce indiferencia,
deposito mis sentidos en tus brazos que
se cierran cuando más les necesito.
Vuelta de entregarme a tu sonora despedida
que silenciosamente se arrebata.
Adherida a las paredes de un presentimiento
empozado entre mis manos,
me desbordo ante tu miedo.
Vuelta de luchar por una causa
cargando con mis muertos,
uno tras de otro
y con los que agonizan
muy encima de mi cama.
Pisando fuertemente
sobre esa sensación de contenerme
ante tus labios,
muero y desciendo
y seguiré cayendo
hasta tocarte mientras caigo.
Vuelta de partirme sin descanso,
sigo arrodillada con mis manos aún abiertas
ofrendándote mis besos
que no pierden la memoria.

TANTO CUERPO

Lengua perdida,
de tantos excesos de entrepierna
negándose a un antojo.
Dedos que gotean
tu esencia de capricho
mal parido, forzado
entre mis yemas
rascándose las ganas
a la puerta de su ausencia.
Deseo imprudente
odiosamente desparramado
en tu a veces boca arriba,
en el obligatorio sube y baja
casi simulado que no alcanza
a sucumbir en ese rechinar
que me atraviesa.
Desnudez que no acaba
de cubrirse de cansancio,
aburridamente encharcada
en mi flaco y cabizbajo intento,
desesperadamente sentado
mirando tanto cuerpo
desde la orilla de tu cama.

TANTO ADIÓS

Partido por el filo de mi lengua
se me escurre tanto adiós en las palabras
con la paz de la ciudad que hay en tus ojos
sepultada por el polvo de mis celos.
Se me acaban las maneras en tu forma,
en tu grito arrepentido que tropieza con mi sombra
que sentada en menoscabo se acomoda
a la luz con que la alumbran tus olvidos.
Tanto adiós en el pasillo de tu boca,
tanto amor en el infierno que me toca,
con mis lágrimas de fuego que apagan
el derroche de humedad de tu recuerdo.
Tanto adiós en el color de tu cabello
tan absurdo, cruel y eterno
como todos mis momentos,
donde queda sepultado mi ridículo intento
de pasiones desbordadas en tu cuerpo.
Tanto adiós hoy reverbera en mi silencio,
en el único deseo que me queda
de golpearte con la anchura de mi ego
en una esquina acurrucado supurando
los escombros que dejaste de mis besos.
Tal vez es tanto adiós que no se aleja,
que revuelca las cenizas de tu farsa a cada paso,
que vomita tus mentiras al borde de tu cama
donde hoy rabias y relinchas, te retuerces y suspiras
cuando izada su pasión va enhebrándote las ganas.
Posible es tanto adiós en el deseo
de un siempre en el desorden de tu abrazo,
de un todo en la nada de tus labios.
Posible es tanto adiós de descubrirse
un golpe en voluntad que ahora expira,
un vago acontecer que va descalzo

pisando cada huella que has borrado.
Adiós en tanto adiós que se me marcha
de tanto suplicarle que me espere,
goteando las memorias en su paso
promete aguardarme aunque no llegue.

PENSAR EN TI

Un espesor estancado
casi hediondo, putrefacto,
aborreciblemente desquiciado
de otoño en repentina retirada,
de tristezas y esperanzas
rompiéndoles los huesos a mis días.
Una absurda manada de ojos
en el rencor de mi pecho,
una puta risotada decadente
lamiendo el manoseo de tu cuerpo.
Un febrero chorreando tus olores,
una boca pariendo tu lengua
soberbio revuelco de farsas.
Una ramera palabra indecente
babeando confusa las ganas
de mi involuntario vomitar ayeres.

POEMA DE AMOR

Descansado va tu cuerpo
paseando un caminar
que de tanto pasear
me contiene me rebalsa.
Imperfecto va tu cuerpo
deletreando el eterno
sigilar del confundido,
con mil huellas sugeridas
del ombligo hasta la frente,
de tu boca refugiada
en el fláccido encanto
de tu pecho dilatado,
de tus ojos hasta el grueso
deglutir de tu garganta
que fermenta el beso,
que besa el fermento
de quien sucumbe
ante el exceso
de tu entonces y
después indiferencia.

AUSENCIAS

Dilatadas tus coherencias
en mi pecho descubierto
deterioro el cielo que
comienza en tus rodillas,
a pesar de tanto tropezar
intentos con tus palabras
partidas por el medio.
Sé que te poseo,
como quien grita de silencio
la muchedumbre de su cuerpo,
pues relincha tu cordura y
nos devora anhelos en plena
oscuridad desmesurada.
Sentada a la orilla de tu boca,
templo de tu lengua que
se ahoga en despedidas,
creo más en las ausencias:
de llevarte aún conmigo,
de tus dientes y tu pelo,
de un te quiero que gotea en mi bañera,
de un bullicio de pasillos
donde nunca tropezamos,
de tus manos y tus celos,
de balbucear secretos,
de desoír palabras,
de tropezar con mi alma,
de empozarme en vano
en este adiós que escribo.

CONTRA-TIEMPO

Tú
me esquivas los instantes
con cinismo impenetrable
de miradas en plena retirada,
con silencio de campanas
por tus labios escindidas.
Sin siquiera pronunciarme,
me resbalo en el espacio que dejaste,
como si te besara a gritos,
como inyectándome vacíos...
...los tuyos, tus vacíos, los míos
que me invaden sin saberme,
que se acercan a lo lejos
coqueteándole a mi espalda,
me esperan ausentes,
me regatean tu cuerpo,
me agasajan con el
instante de un rechazo.
No me queda más que
besarte de memoria
si te encuentro frente a frente,
deshojarme adentro
de secretos tibios,
de un dolor muy mío.

POR VENCIDA

Con mi cara de puerta entreabierta
voy cerrando el abatido capítulo
de mi paso insolente y tropezado.
De la gente qué decir si me desdigo
entre tanto soportar mi despedida de
este mundo, de creer, de mis intentos.

EN LA OSCURIDAD

Yo, me lo he propuesto, no voy a estrellar el universo contra el suelo para contarte que hoy mis noches son oscuras, no volveré a tu espacio en busca de mis rastros, no voy a declarar que eres el todo de mis partes. No voy a desempolvar libros, ni a escudriñar desvanes, ni a entibiar sonrisas, tampoco cruzaré puentes para propiciar mi despedida. No alentaré memorias, no arrastraré el cadáver de lo nuestro, no repartiré secretos, no justificaré este miedo que me impulsa a indagarte. No pienso columpiarme en el silencio al que me rindo y al que te he sometido, no voy a castrarte la mirada mientras tomamos un café, no voy a mutilarte la palabra con mis debilidades y recelos. Yo, como me lo propuse, te diré simplemente que te escribo desde esta oscuridad que me dejaste.

EN TODO TU DERECHO

Enterarme en tu actitud
de que alguien más fue elegido
para dar de tumbos en tus ojos,
dar porrazos a tu cruel coquetería
y hasta para beneficiarse de tus libros,
me empuja a no evitar ser víctima
de un retorcido cosquilleo
que se muere de la risa,
parecido, un tanto similar
a eso que llaman celos.
Sin ser toda una ensarta de egoísmo
también lo veo desde tu punto
de vista y concluyo:
No hay cosa más bella
que el irresistible ejercicio
del derecho a elegir.

EN LA BATALLA

Alguien tiene que morir, dijo aquel amigo, frotándose las manos, como dispuesto a devorar un platillo suculento. Alguien tiene que morir, repitió, y no serás tú, insistió con voz solemne y tono grave. Morirá su sonrisa decadente, su abrupta carcajada que violenta mil quebrantos, sus ojos saltones que se jactan de anticipar el camino, la dejadez de sus palabras que solo se pronuncian para coartar la libertad de quien ha bebido su saliva en tiempos más felices, su mirada de buitre que devora el valor del que se arma quien desde entonces lo hizo sentir todopoderoso, su lengua ampulosa y salada que lame las heridas del que aún no se perdona, su dedo acusador que señala y amedrenta al que teme verse aplastado por su juicio, su mundo hambriento de pasos sospechosos. Eso creímos tú y yo, amigo, que nos apresuramos a enterrar cada una de sus letras, los puntos de sus íes, mas no contábamos con que volvería a su infierno al tercer día, que armado con el filo de todas las memorias abriría heridas, las viejas y otras nuevas, que mantendría sitiada la ciudad que construyó en las entrañas de quien le rendiría puertas, entradas y salidas, que vigilaría a punta de gesto absoluto la senda de aquel que todavía no acaba de resolverse.

Alguien tiene que morir, le dije a aquel amigo, tomándole la mano, como dispuesta a entregar mi último suspiro.

LA CULPA

> *¿Qué sabes de la culpa, de venenosos dardos*
> *que al corazón traspasan?*
> Charles Baudelaire

Esta tarde, mientras dormía una siesta, me despertaron los demonios, me tomaron por los hombros y me sacudieron, con lenguas de fuego gritaron mil verdades que aún no sé si son las mías. Con el pecho apretado de miedos, abrí los ojos a un lugar vacío, de paredes agraviadas por los gritos que un día les rajaron las entrañas; a un momento mostrándome sus afilados dientes clavados en la carne de tus memorias más felices; a una figura borrosa, de mirada desteñida y con el índice clavado en mi sien escarbándome las culpas. De pronto, se cargó mi entorno de miserias y frente a mí se detuvo aquel pasado indigente apedreando las puertas de mi ahora, buscando hogar, pasado que nació de mí y, por tanto, me tiende una emboscada, me prende, violenta y toma casa, pasado que huye apresurado a pesar de su inocencia, y en la fuga, tropieza con el juicio de unos ojos que murmuran. Este día que temprano me dio la bienvenida, me ofrece su noche y el silencio que la arrulla para mirarme en todos los espejos, para de una vez por todas azotar mis culpas hasta haberme perdonado.

LAS HORAS

Las horas se me abren
nauseabundas de recuerdos.
Horas de mi vida
desparramadas a los pies
de un olvido arrepentido.
Sigo con mi cara de
palabra entumecida
contemplando la avalancha
de manos en tu ahora.
Y me resuelvo los humores
a punta de memoria
en plena carcajada,
como llena de ojos delincuentes
que apuñalan la mejor de tus sonrisas.
Horas indecentes al borde de mí misma
vomitando desnudez mal digerida,
de pie, aburridamente melancólicas,
royendo la calma acumulada.

REFLEXIONES

Cuántas veces he dicho:
¡Qué ganas de morir en madrugada!
Creo que estoy lista
para arrastrarme en las paredes de la noche
y vomitar cada pedazo de vida.
Este es el momento
de escaparme de mi boca,
de mis manos, de mi pelo: de mí.

EL ALUD

Me partí la uñas
me arranqué el cabello
me saqué los ojos
me corté la lengua
cercené mis manos
disloqué mis piernas
unté con mi carne
todas las maderas
y desde mí misma
ahora me rebalso
vuelta un alud
que me desentierra.

DESPEDIDA

Las puertas y ventanas
hoy se cierran
se caen los manteles
y descubren una mesa
que acomodó
navidades y años nuevos,
cumpleaños y mil cenas.
Hoy que partes
se quedan los recuerdos
de una vida interrumpida,
luces que brillaron
alumbrando tus paredes
y las mías- antes nuestras-.

DESAMPARO

Una niña mece su mano
en señal de despedida,
muerde el llanto por la punta más aguda,
lo somete, lo desangra, lo mastica;
se lo traga y repite este acto para siempre
ante una madre que sentada a la derecha
de un adiós reincidente,
le multiplica los panes y los peces
que la preñan de nostalgias
la indigestan de tristezas.

PERDÓN...

A mi madre

...por el cardumen de ojos en mi espalda
que te observa en cada despedida.
Por los retazos hilvanados de presencia
que mitigan ansiedades en tus manos.
Por mi vida colgando en tus paredes
que me vuelve tu distancia más querida.
Por la jauría de ausencia entre nosotras
que nos devora desde entonces: muy temprano.

RÉQUIEM (POR TEDDY)

En tus ojos y en los míos te quedaste,
en las ventanas que cerradas en contra de su voluntad
intentan conservar tu olor y tu respiro.
En el trayecto a tu final,
en la corazonada supurando entre mis manos,
en el primer "ya es tiempo" que invadió mi oído,
en cada noche ausente que me roba el sueño,
en la burocracia que irrespetó mi llanto,
en el escapulario que prometía el milagro,
en el día más que te negué,
en la estampida de hubieras que me aplasta,
en el desafuero de un tan poco tiempo,
en un jueves doce de un tal mes de mayo,
en el enjambre de momentos que me aflige,
en el miedo de no verte nunca más,
en la esperanza de volver a encontrarte,
en el "¡ay Dios mío!" que resecó mi boca,
en esa manada de años que aún me queda,
en el "duele tanto" y el "muero de a poco",
en la decisión tomada desde siempre,
en el vino que esta noche me acompaña,
en mi vida acurrucada en tus recuerdos,
en tus minutos finales en mis brazos
que me persiguen con ojos delirantes,
en la muerte que hay entre nosotros
mirándonos desde sus carcajadas,
en el perdón que arrodillado se retuerce,
en el absurdo que soy y que hoy te habla,
en ese adiós que me alcanza, me lacera.

INEVITABLE YO

Hoy tengo las ganas partidas de palabras
cuanto poco y más de estropearte en madrugada.
Así, como si fuera nada, me soy todo
a pesar de tus henchidos humores que prometen
un largo sacudirte la decencia,
un breve columpiarte en mi hedonismo
un posible revés de declinar en tus malicias.
Hoy tengo un pesar entero que se agita
con el siempre vacilar encajado en tus esquinas
que arrastra ayeres y rebalsa entonces,
que ciñe los adioses descalzos, boca arriba,
contraproducentes, mentirosos,
dolientes, vanos, fríos, vozarrones,
impacientes, arrogantes, círculos viciosos,
pobrecitos de todo entendimiento,
derramados, cínicos perfectos,
muertos de la risa: inevitable yo.

Ni al irse, ni al estar, ni al volver:
Nunca habían olvidado nada.
Y ahora tenían dos memorias
y tenían dos patrias.

Eduardo Galeano

LA COLONIA

Yo
colonizada por dos lenguas
aplastantes, demonios que residen y poseen,
que hace tanto conquistaron mi aliento.
Hoy me vuelvo eructando bocanadas de océano,
cruces, carabelas, de dios multiplicándose en sí mismo,
de babiecas, rocinantes que cabalgan como en casa,
de tizonas y coladas saqueadoras
a su paso ensangrentando nuestra historia,
de una malinche cortésmente atravesada,
de alfonsos, de fernandos y de carlos,
de próceres en sanguinaria independencia,
de guerras civiles, de deudas externas,
de guerras ajenas tomadas muy a pecho,
de presidentes de naciones soberanas,
soberanas en su propio servilismo.

UN REINO MÁGICO EN CENTROAMÉRICA

Según Flores,
el menos iluminado
pero gracioso, risueño
y con piel de manzanita
de todos los presidentes,
el pueblo salvadoreño
es un apéndice de Disneylandia:
un pueblo de enanitos emprendedores
que viven en cajitas de fósforos,
se alimentan de aire y algodón,
nunca mudan de ropa
y son los felices ciudadanos
de "El Pulgarcito de América".
Después de todo
Flores tenía razón.

NEW YORK CITY

Aquí, en este lugar
que duele, asfixia y penetra,
que absorbe y fragmenta
la desdentada gana de conquista.
Aquí, en este lugar
desde donde veo desfilar la vida
que ya no me cabe:
cabizbaja, insegura y miedosa me mira.
Aquí, desde este lugar
que me tragó entera,
que me eructa, me vomita.
Aquí en esta ciudad
preñada de temores, paridora de alertas
y pocas esperanzas, de concreto y hierro
dando gritos irremediablemente.

HALLOWEEN

Veo gente pasar, caótica, babélica
sometiendo sombras a su paso,
un bullicio disfrazando las aceras,
un motín abortando las tristezas
tras la felicidad de una máscara.

LA MISA OBISPAL

En un canto lleno de cuerdas y
ahogado por trompetas
vi desfilar la burocracia,
precedida de báculo y crucifijo.
En un podio derrochando mil distancia
la vi de pie con su accidentado
articular la homilía.
Desde el banco que me sometía
la vi marcharse entre cuerdas y trompetas
con báculo y crucifijo,
seguida de una masa casi en estampida.

SOBRE LA NATURALEZA DE DIOS

Dios, de los humanos la gran creación,
el más efervescente de los paliativos,
la gran excusa de las religiones,
anzuelo infalible del diezmo y la limosna.
Dios, el punto de partida de sociedades y sus constituciones,
el que está en contra de lo que no es la norma,
la cruz que muy a gusto nos echamos a la espalda,
el placebo a los miedos, la soledad y los tormentos,
el amigo imaginario del adulto, quien me indujo
al vino gracias a la transubstanciación.
El que se quedó sin barro y le tocó arrancar costillas,
por quien he sido creyente y atea y agnóstica y reincidente,
el que hace quinientos y más años nos agasajó con espejitos,
el ventarrón que una tarde nos llenó de carabelas,
la hoguera en la que ardieron siglos de ojos suplicantes,
al que le bastan siete días y seis noches,
por quien algunos disfrutan dando la otra mejilla,
el de mirada vacilante, el que encuentra jurisdicción
en los arrepentidos, el antídoto de todos mis pecados.
Dios es todo si soy nada y es nada si soy todo,
es el nudo en mi garganta que aunque ahorca no me aprieta,
el que pone y dispone, misterioso que trabaja a su manera,
el que nos resucita las ganas de morirnos,
el que nos mantiene amordazados con el cuento de la vida
eterna,
para quien somos en su oído un gran "cadáver exquisito".

LAS DESVENTAJAS DE SER UN CANDIDATO

A todo aquel que pueda sentirse aludido
se le avisa que solo serán dignos de mención
exclusivamente aquellos cuyos nombres propios
sean precedidos del nombre apelativo "DOCTOR".

PORTAFOLIO

Violentando al abecedario,
sometiéndolo a las más viles piruetas
para que diga algo de mí.

EL CIRCO

Entré sigilosa, tomé asiento
en primera fila para observar
desde todas las esquinas a los personajes
que desfilan y levantan esta carpa.
Un mago en decadencia, semimudo,
hace tiempo bufón más de otra corte,
organiza el espectáculo: mueve, pone,
quita, sube, baja y mece trapecistas,
domadores, ilusionistas y payasos;
le propicia un buen espacio al gigante de
este circo (después de propiciado el suyo).
Las agujas del reloj, su varita mágica,
manosean cada día hasta hacerlos
ceder sin remedio, el juego
donde más se engolosina.
Una vez ultrajadas las semanas,
reparte los pedazos de las horas
pobrecitas que de pie se sacuden
tal agravio, y las tira en la arena
adonde correrán los famélicos enanos
a romperse hasta los huesos por un
espacio en el circo, aunque sea
en el último espectáculo.

EN RUTA

Una ambulancia histérica
se escurre en la Séptima avenida,
mi paso de prisa atragantado se detiene.
Una boca vecina pregunta
por un camino que desconozco,
me hace pensar en el mío y me tranquilizo:
aunque no tengo claro el destino
sé perfectamente cómo llegar.

PALABRAS AL BORDE DE MIS LABIOS

Pequeña centinela,
caes una vez más por la ranura de la noche
sin más armas que los ojos abiertos y el terror
contra los invasores insolubles en el papel en blanco.

Olga Orozco

I

Te pronuncio gutural, palatal,
nasal-bilabial en tus consonantes;
abiertas de luz y cerrada tus vocales.
En todo ese andamiaje que da cuerpo
a tu nombre, en todas tus sílabas te encuentro.

II

Tu silencio le da vueltas a mi grito, se arma de elocuencia y lo derrota.
Enmudece enteramente mi palabra.

III

Una gota, aunque tímida, ha taladrado gran parte de mi noche con su
respectiva madrugada hasta hacerme caer en un abismo de recuerdos
(¿o en el recuerdo de un abismo?).

IV

Dos palabras al borde de mis labios se lanzan en picada, con la esperan-
za de que las veas caer.

V

No obstante construcción social, me rehúso a la oferta de una expe-
riencia vicaria: tocarte con sus manos y probar su beso en ti. No a tu
carne y su memoria.

VI

En plena función el bufón ha caído, herido de muerte por tu carcajada.

VII

La noche a manos llenas mordida por tus ojos. El recuerdo dejándose querer, la noche en batalla contra este, queriéndole dejar.

VIII

Equivocación: palabra aguda, afilada, punzante; la más hiriente de sus armas blancas.

IX

En el espacio claustrofóbico, hermético, limitante, hacedor de formas, contenedor de afectos, tristezas y pesares; allí descansa, casi en paz, mi palabra. Desde su camisa de fuerza te susurra.

X

De tu texto anhelo las mayúsculas, meterme en sus paréntesis, persuadir sus puntos y aparte, entender sus reticencias.

XI

Ayer me atrevesó un monosílabo, el más letal de todos, el que me dio la más feliz de las muertes.

XII

Merece ser absuelto aquel al que engañan una vez; no así al que le toman el pelo dos veces con la misma mano, al doblemente engañado, ese, merece la muerte a piedras y palos.

XIII

¡Qué ganas de romper un diptongo! Le clavaría una tilde certera a su débil vocal.

XIV

Ven, cuéntame lo que quieras o lo que puedas; habré de escucharte sin pausas ni pestañeos, sin tragar grueso. Hoy, antes de salir a tu encuentro, me arranqué el corazón.

XV

Maquiavélica: examina el territorio, calibra consecuencias, observa cada movimiento, hace suyos tu idioma, tus costumbres, se adentra en ti, te indaga, fisgonea en todos tus rincones, te invade, te domina, te somete, te depreda. El fin, reitera, justifica los medios.

XVI

Pase y mire lo que le tenemos, sin compromiso, lleve lo que necesite, cuanto aquí se halla es suyo: toque, sopese, tantee, magulle si lo desea. En este corazón abastecido hay manos para sostenerle, ojos dando a luz un camino, una boca en sonrisas surtida y otro corazón que late por usted.

XVII

Escribo con un profiláctico en la mano para no preñarte de esperanzas.

XVIII

Es prudente el universo, sabe el momento justo y el lugar preciso para enviarnos la piedra que nos rajará la cabeza, la serpiente que nos clavará los dientes, el rayo que nos partirá en dos, el látigo que nos azotará, la boca que nos despreciará, el cuerpo que nos negará. Gracias sean dadas al universo por tan suculenta lección, siempre tan necesaria.

XIX

Siga por ese camino, ensimísmese, escríbale a la niña (no la de Guatemala) sino a la que aún no muere de amor; no a la niña que le obsequiarán a la mesa que más aplauda, ni a la de sus ojos, ni a la de Alcalá de Henares prometida de don Diego. Escríbale a la que camina a su lado sin mirarle, a la que importuna y para la que usted es su desliz más vergonzoso, a la que escucha sus palabras de a pedazos, a la del olor a heno de pravia, a la que le espera espada en mano, a la que le obvia, a la que le esquiva, la del gallinazo, sí, a esa en la que gasta usted la mejor de su pólvora.

XX

Voyeurismo

Por los resquicios
de mi morada
aguardo, confiada,
la venida del señor.

XXI

No permita nunca que su yo vaya por el mundo diciendo cosas sobre usted.

XXII

En el dado caso de que yo acepte lo que me propone, esa idea enmarañada en tanto palabrerío afectado y rimbombante, exijo, con todos los derechos, que empiece usted por ponerla en práctica.

XXIII

El hombre que pretendió ser nuevo, esparció su semilla donde pudo, olvidó incluir entre sus luchas la paternidad responsable.

XXIV

-Siento decirle, señora, que su hija es una "rimera". La he visto hacer rimas con todos los del barrio.

XXV

Es pura apreciación mía, dijo, resultado de tasar hasta sus gestos, nada más subjetivo. Por ello, no me pida un veredicto, mire bien, yo no me meto en líos por subjetividades...

XXVI

No se preste a que lo ridiculicen, lo desprecien o lo usen; marque límites, levante muros, apriete el puño, muestre los dientes, resguarde la otra mejilla, escriba un verso.

XXVII

Hoy tengo ganas de decir Lempa, Izalco, Ilamatepec, Sihuatehuacán; de mirar una vez más, de lejos, el cerro Tecana, de volar piscucha en octubre "que todo lo descubre"; de tomarme una Pilsener, de fumarme (a escondidas en el cine Novedades) un Delta. Hoy tengo ganas de mí.

XXVIII

En esta hora, edito y releo testimonios, escucho las voces de la historia,

esa que nunca nos contaron; de paso, muero por un café, no el ma-
tutino que me muestra el día, tampoco el vespertino que anticipa las
sombras, sino el de esta hora, el que lo puede todo.

XXIX
La derecha salvadoreña

Pusieron todos sus granito de arena,
hoy, como en un campo de flores,
cada uno saca el más sucio trapo al sol;
mientras un caballero andante busca junto
a su escudero, la cabeza del "ejecutivo".

XXX
¿Problemas con la autoridad?

Sí, tengo un problema con la autoridad, con la que se viste de azul, la
del pelo partido por el lado, con esa que espera que haya una muche-
dumbre para castigar al transgresor, la de la macana todo el tiempo en
la mano, la de los zapatos bien lustrados. Sí, tengo un problema con la
autoridad, con la que persigue al que no tiene para llegar a su destino,
la que se ensaña con el ciudadano común y corriente que pasa cada día
dando patadas de ahogado.

XXXI

La infrascrita titular del documento presentado en tierras ajenas a las
suyas, asegura ser la única responsable, autora intelectual y material
de la aventura que se le adjudica: visitar el primer mundo. Añade, con
orgullo, nunca haber abandonado su país como no fuera únicamente
en calidad de turista, dice no tener hermanos, y lejanos mucho menos.
Tiene urgencia de difundir las proezas de su nombre mientras se erige
un apellido.

XXXII

Hazaña grande esta mañana: haber amanecido. Me dispongo en este instante a recoger mis pedazos, espero hallarlos todos.

Tu piel dulce y salobre que respiro y que sorbo pasa a ser mi universo, el credo que me nutre; la aromática lámpara que alzo estando ciego cuando junto a las sombras los deseos me ladran.

Roque Dalton

MARTES POR LA MAÑANA

De memoria escudriño
el espacio apretado
que dejan tus pasos
y me visualizo:
dejándolo todo
por ver tu sonrisa
donde desfila el
saludo que espero.
Después del hiato
que somete a tus pasos
a mi puerta vencida,
repaso el eco
de tu "hola" agitado
que me encuentra al acecho
y me tranquiliza.
Pasado el suceso
convulsiona otro martes,
agoniza, fallece
y tú, sin saberlo.

CORAZÓN

Ojos que no ven, corazón que presiente,
que siente y resiente latido a latido,
ojos que te ven corazón que te busca
que lucha y pretende que todo ha pasado.
De nunca y siempre, de manos abiertas,
de grito y silencio, se huye de a pocos.
Corazón que te ve a ojos cerrados,
que cabalga encima de su desengaño,
consciente sentado a mitad del salón
se orilla de pronto da paso a tus dudas,
se agolpa en mi pecho, contra mí arremete,
se ciela en tus brazos, se enluna en tu boca,
se infierna de celos en tu despedida.
Corazón que se rompe detrás de tus pasos,
que corre y tropieza en su afán de alcanzarte,
que busca y se pierde y perdido buscando,
se laberinta y penumbra en mi abrazo.
De pie e inconsciente a mitad del salón
se abstiene y silencia de su palpitar,
se absurda de pronto, da paso a mis dudas
y acurrucado se escampa en tus labios.
Corazón que en mi pecho enterrado
se corazona, relincha, impacienta, se empuña,
se advierte desnudo, se enluta en tu adiós.

SUEÑO (ENTRE HADAS)

En esta noche incipiente
me cuento los latidos que hacen falta
para encontrarte por casualidad.
Surges entre tanto procurarte,
mis caricias diletantes hallan eco,
prontas se acomodan en tu espalda,
te dispersas en mis manos, te ensanchas,
te divulgas, te propagas, te prolongas
y pretendo dilatar tu despilfarro,
entretener las doce campanadas
que te reducirán a escombro,
que te volverán ceniza.

NASSAU AVENUE

Tarde noche
transeúntes
y un domingo bostezando
tú hecha boca arrinconada
rehusándote a otro paso
yo de pie ante tu encanto
decantándome en tus labios.

INSOMNIO

Mujer que abriste puertas
muy segura te paseas
por mi pecho,
coqueteas a sabiendas
a mi boca distraída
y hecha noche serpenteas,
te enroscas en mi insomnio
le das vueltas,
le adviertes desde lejos.
Mujer de cada noche
en cada exceso
amaneces palpitando
madrugadas.

EL MISTERIO DE SU MUERTE

Murió aquel día
de cuerpo entero
le diste muerte con dos sílabas,
murió en tu cama y en el sofá.
Murió de espaldas a tu dolor,
al insomnio de tus labios,
a la palabra tibia
insoslayable salvadora,
a tus miedos de espíritu gregario.
Murió a sabiendas de que viviría
en los objetos, en los estantes,
en el espacio que se rehúsa
a ser huérfano de padre,
en las paredes de blanco hueso
donde obstinado se resiste,
en la luz tenue que chorrean tus lámparas,
en la mesa paridora de silencios,
en su económico abecedario
donde te buscas y te posee.

EN TU BOCA

Articulado en ti
el miedo cobra forma
manos, piernas,
ostenta un nombre.
Me propongo,
sin remordimientos,
a un pozo sediento condenarlo,
que yazca olvidado, exangüe;
venderlo a la primera
muchedumbre que pase,
hasta que por obra
de lo que ya está escrito
tropiece una vez más
con cada una de sus letras.

EL ADIÓS

Manché la cama con tu sueño –dijiste,
con tus lágrimas fijas en mis ojos
Vámonos de aquí –atiné a contestar,
con mis ojos fijos en tus lágrimas.

EL ENJAMBRE

Celos que me estafan,
me truncan el momento
de ventanas que se abren y
me muestran el camino hacia tu beso.
Celos abatidos
que se yerguen infrangibles,
me empujan a esa cruenta
e inútil batalla que le rompe
los huesos a mi ego, vulnerable,
huérfano de a ratos,
se cae y se levanta
y ya de pie a ojos abiertos
encuentra frente suyo un corazón
atrapado en un enjambre de recuerdos.

CONFESIÓN

Cornucopia de miradas,
de hilos que tejen en tus ojos
arrebatos de nostalgia.
Traicionas el abrazo
que me encierra
con tu beso,
puñal que me orilla, me desgarra,
trasquila mis mejores intenciones.
Tu voz
bifurcada en los recuerdos,
terrible, vertebrada se levanta,
cabalga inclemente por mi pecho,
en mi frontera frente en alto se detiene
donde mi voz la espera entrecortada.

A LA GARDUÑA...

...tus ojos de luna llena con que tropiezan mis noches; el parpadeo estridente de tu entonces; la insurgente cicatriz que se me enfrenta y se bate a duelo con mi disyuntiva; la capilla en la que arde la memoria, fosa común de todos tus anhelos; tu corazón adoquinado con sus besos; tu ego desparramado por la vida; tu pecho donde yacen mis sueños; mi ahora que te procura y de súbito te embiste; tu historia que me persigue y tira la primera piedra sobre la que edifico el templo de todos mis miedos.

INTENTÉMOSLO

Si mi paso te alcanza, huye de su aliento ensordecedor, del quebranto de su ahora, de su sombra, su silueta, de la hondonada que deja su huella. No detengas la mirada en su paso que se esconde tras el eterno juego del efímero sustento, no vuelvas los ojos al menos que intentes detonar las minas del camino, untarte las manos con mi pólvora, empuñar el arma que derribará tus puertas.

TENGO QUE IRME

Tengo que irme, de noche,
cuando mejor aprecio el camino,
para que puedas desnudar los espejos,
para que saborees el platillo suculento
que te sirve la vida,
para que no te indigestes,
para que lo comas en una mesa
adornada de una bienvenida compañía,
la que elijas, la que prefieras,
la que te haga meter la mano en tus entrañas,
hurgar y rescatarte, para palparte libre,
sin remedio libre.

LO NUESTRO

Para mí, lo nuestro es la posibilidad de un sueño compartido oreándose a la vida, el ansia de entregarme sin cautelas, la necesidad de filtrarme en tus paredes, habitar en tus armarios, reposar junto a las lámparas de luces mortecinas, de multiplicarte las sonrisas, de construir memorias, de acumular recuerdos, de ser enteramente tu mitad, de abrirle la puerta a una tarde que no encuentre referente. Lo nuestro es para ti el ungüento con que untas cicatrices pronunciadas, frescas, que aún respiran, herencia de un pasado que de vez en cuando te hace un berrinche, se encapricha.

CON ARMA BLANCA

Coincidir implicaría
asesinarte el perfil parsimonioso,
prejuiciado, ese andar semi encorvado
y esa boca pronunciada y medio abierta
que acusa cicatrices heredadas;
pero lo haría con un arma blanca, sí,
para matarte dos veces.

CARNAVAL

Un payaso acurrucado vestido de memoria, una boca ajena que sonríe, unas llaves en tu cartera de los viernes, un circo al doblar de esa niña que aún no termina de enfrentarse. Una vieja oligarca de piernas al unísono quemando en sus sábanas el último cartucho, una luz que se comporta cual penumbra donde sobran los motivos para odiarte, un comensal sentado en mis orillas listo a devorar la mejor de mis infancias. Una lengua que a su paso se atraganta con traicioneras sibilantes, una mueca compulsiva apoltronada en tu sonrisa, un acariciarte el ego en mi propio detrimento y mirarse en un espejo compulsivo que repite el parpadeo de ese instante. Un telón que descubre un personaje que cobra vida a partir de tu existencia, una palabra que se catapulta desde lo más profundo para respirar mi aire. Un desmitificar a la madre para entonces poder perdonarnos. Una cicatriz que late débilmente en los últimos días de febrero, un cateo que me enfrenta con un penúltimo de marzo, varios rasguños resultado de prematuras despedidas. Un alud de recuerdos que amenaza el frágil techo de los días donde me refugio, una promesa quemándose en tu hoguera, un Argos que te observa paso a paso, una monja que hace gárgaras de Ave María para purificar el más transgresor de sus sentidos. Una cama que aún rechina con el eco empiruetado de sus huesos, una mujer equilibrista haciendo de versos malabares en la cuerda floja de todos sus olimpos. Un dar muerte a ese nosotros que indigesta el espacio de presencias, un hurgar en la trastienda y encontrar el dedo que escarba las heridas, un yo abatiendo paredes, puertas y ventanas, echando abajo su casa de la risa para escapar a tiempo, antes de esa hora cruel del canto de los gallos, hora en que se negará tres veces.

Anexo crítico

Multiplicada en mí: imágenes para un comentario

He abierto el libro de Juana M. Ramos, *Multiplicada en mí*, varias veces. He hecho varios tipos de lecturas, como hacemos cuando un libro está en agenda, cuando queremos comenzar a establecer una relación promiscua o romántica con sus voces, personajes o con su lenguaje. Escribo o hablo con él, cuando siento que este ha entrado en mí o ha tomado posesión de mi ociosidad productiva; cuando ha luchado con la inverosimilitud de estos tránsitos, de estas paradas técnicas de "subway", escritorios u oficinas lapidarias o lecturas telefónicas. Lo he leído por curiosidad, por necesidad, por matar el tiempo, para dejar de pensar. Es muy difícil pero sucede. Un primer poemario puede concitar interés. Sería hasta hipócrita no admitirlo. Hay casos en que el libro invade nuestros pensamientos y nos pide otra lectura con calor o nieve, una lectura tormentosa, cuando alguna imagen demanda interrogación, aunque sea pintada por esos robos de base; cuando esa estafa de minutos académicos dejaban un cierto humor, me llamaba la atención el poemario y el contraste con la imagen que su autora despierta. Hay una sensación desconcertante a la hora de buscar relaciones fuera del texto. Es una pérdida de tiempo intentarlo. Si no había escrito nada hasta ahora, obedecía a una necesidad de distanciar la amistad del poema y evitar la arrogancia de lanzar frases, adjetivos, juicios que no me servirían más que para saldar una cuenta postergada por años.

Primera sección

Cuando abres el libro y saltas sobre los detalles que saldan las relaciones del libro y la pluralidad de intereses que ha implicado su realización, desde que pasaran por el camino de los sueños, las subjetividades de su enajenación y el colaboracionismo de esta alianza con aquellos que han conspirado a favor de esta causa, honrando este oficio improductivo, esta sed de respuestas; este afán por volver a nosotros. Te tropiezas con sus epígrafes, este modo de subrayar adhesiones, evidenciar caminos, y comienzas a sospechar, a preguntarte por estos manubrios nominales descritos como dos o tres versos o unas cuantas frases y luego el nombre que autoriza a entrar en la casa del poema y cruzas el lindero que dejó Alejandra Pizarnik. Vienen los temores que concita haber dicho el nombre anterior y luego intuyo cosas. Hay un nexo. Más adelante, la segunda puerta, presumiblemente, pensé, abres en virtud de Eduardo Galeano y las cuatro líneas que anteceden el manubrio, pasas y entramos en contacto con otra historia. Hay un cambio en la voz poética. Pudiéramos decir que hay un momento esencial, una provocación y como no es gratuito, el uruguayo cede una oportunidad a Silvio Rodríguez en la siguiente sección del libro y la poeta salvadoreña marcha hacia una poética que se abre no solo hacia otra geografía. Hay una actitud cultural, transnacional. El exilio es el lugar de la trascendencia de la intrascendencia. No nos ha venido a decir que la casa del poema está suspendida sobre la tierra de los clásicos universales de todas las madres patrias que creen tener influencia sobre sus hijos abandonados o de las putas que amamos, a pesar de esa herencia que todavía no puedo calificar en estas páginas. La última puerta es nacional. Es concluyente. Hemos entrado en la patria del poema.

El poemario de Juana M. Ramos puede dividirse para fines prácticos en dos partes:
1. Poesía de amor y desamor o poemas del cuerpo y la nostalgia
2. Poesía social de acento humanista

En ambas direcciones triunfa un realismo invertido en sus intenciones sintácticas y rítmicas. No es surrealismo. Hay un cierto neo-realismo. Tampoco ninguna forma que nos devuelva el sentimiento lírico clasicista puramente hispánico o ibérico. Siento aquí secreciones o sedimentos, diseminaciones que conectan los poemas de *Multiplicada en mí*, al legado clásico de los místicos hispanos que se mueven en una poesía ambigua, aunque sea el resultado de nuestra herencia hispanoamericana. Ya se siente, en este pequeño cuaderno de ejercicios poéticos, el narcisismo del que ama la imagen o disfruta el ritmo, y otro que cuestiona el narcisismo, el yo que mira hacia el yo, la palabra que se muerde la cola, encantada de jugar consigo misma. Sí siento, en estos gestos ambiciosos, en esta glotonería lingüística inicial, una inserción barroca, una acumulación del decir, del describir, del pensar en voz alta, del declarar o del cuestionar individual, personal, signataria de tendencias nacionales ya cultivadas en nuestra cultura.

Pienso que el poemario en general es un ejercicio literario que preconiza o sugiere una larga caminata por la imaginación poética latinoamericana, un proceso de afirmación y negación, una búsqueda de verdades que se mueven aquí en el primer cuaderno, aquel donde triunfa el yo, el sentimiento, la nostalgia, la fuerza del deseo, la vanidad del clamor, la búsqueda hacia adentro de sí misma o de sí mismo porque la ambigüedad no condena la voz a un género absoluto, no es neutro, no quiere ocultar su identidad, sus marcas morfológicas y temáticas. Denuncian el objeto del canto pero no hay un énfasis en levantar banderas que vendan el poema a un sector genérico totalmente específico, si bien el lenguaje desoculta esos enigmas o los aclara, siempre dentro de su alteridad.

Para llamar la atención sobre su intención en la primera parte de estos cuadernos de ejercicios poéticos, llama la atención el diseño de las puertas, entradas, la casa del poema de la que habla Alejandra Pizarnik, manubrio, apertura y significación de una estancia donde el escenario se mueve en el ámbito del sentimiento, allí donde el deseo reina y el cuerpo despierta los sentidos y donde su anatomía pinta la subjetividad del primer desgarramiento del ser, la voz reescribe el poema de sí mismo, el ser y sus desencuentros, la voz, siempre activa que nos hace dudar del tradicional carácter femenino del poema, para una lectura desde el espacio o lírica masculina crea sospecha, el filtro fomenta un trastrueque y el activismo de la voz, las sacudidas y las interrogantes protagónicas nos hacen dudar del feminismo. A veces llegué a pensar en una voz hombre y en una voz mujer, peleándose continuamente por declarar su verdad sobre la utopía del cuerpo del género. La voz quiere poseer lo que se deshace, lo que se va, lo que ya no está y va tras ese rastro imposible, donde lo que triunfa es la memoria, la nostalgia, lo cumplido y lo negado entran en una conflictiva batalla que es una sola cosa: lenguaje, recuerdos, fantasía, posesión de la desposesión, juego, travesura angustiosa de un ritmo.

El tono dialogante es un signo definidor de ambos poemarios, el del cuerpo y el yo y el de la nación y sus héroes, pero donde se siente ese ejercicio dialógico, ese pensar en voz alta donde el lector aparece como receptor, o tal vez aquel cuyas respuestas y preguntas son este resultado, este monólogo donde nos sentimos implicados y que provoca que sintamos la necesidad del desafío, la conversión y la diversión, la sapiencia y el gusto del decir: *A veces quisiera…escupirme la memoria* y se multiplican los a veces recriminatorios: *A veces quisiera no pensar / porque pienso y me convenzo que eres cama,/ el lugar donde descansan tantos cuerpos.* Y el desgarramiento es una imagen prolongada, donde triunfa el cuerpo de un sentimiento insatisfecho. Aunque *Multiplicada en mí* es la narrativa de esta sucesión por el pasado, la geografía humana de un amor que se multiplica y que retumba en los salones sobre los "a veces" o en la agridulce de otros que disimulan su forma y canta al tiempo en "Abril" y al tiempo como el protagonista de la muerte y la transformación de las cosas en una imagen inaceptable del perecer y la angustia, no es el tiempo orgánico de los cambios dialécticos que genera la otredad y la tragedia incomprensible del cambio, aunque se diga que son cualitativos, mientras los cuantitativos fomentan una nada seductora donde sucumben nuestros sueños. Los poemas que componen esta primera estancia en el ensimismamiento: *Al tiempo, Tu cuerpo (y el Yo estoy sola,/ bebiéndome un fingido acto,/ Cuelgan los gemidos de mis labios,/ no terminas de doler.* Otros poemas develan esa recurrencia temática y ese vocabulario donde el concretismo o lo concreto porque no hay juegos espaciales ni gráficos del concretismo literario ni la pluralidad de la llamada posmodernidad. Hay, sí, aquí, estos signos descriptivos del pretexto y la nostalgia: el cuerpo, por no decir el amor o el sentimiento que tiene por patrón o excusa el cuerpo instrumentalizado por el sentimiento de recuperación.

Tomás M. Galán

En los lindes de lo posible o la otra manera de poetizar la vida
Multiplicada en mí, de Juana M. Ramos

Estoy ante un libro que es una mirada interior. Esta mirada parece jugar con lo que pudiera ser o con lo que ha sido, reconstruido en el deleite fugaz de un momento ido. Es la maravilla de volver a vivir o de anticiparnos para que cuando lo vivamos, sea plenamente nuestro ese instante. Es una apresurada carrera contra el tiempo, que todo lo daña, un intento de poetizar la vida perpetuando aquello vivido en las sensaciones, aquello que ha durado un instante, pero que con la poesía se vuelve un instante de eternidad, es decir, se logra rescatarlo de la inmovilidad, se le agrega movimiento al recuerdo y este ya no produce simple dolor, produce redención. La pregunta que rompe el velo tenue o la magia de revivir en todos sus detalles algo sublime es, ¿hay solamente imaginación en estos poemas o fueron momentos vividos antes para luego ser recuperados en la poesía?

La pregunta pudiera ser banal si no estuviésemos ante poemas que trasuntan el perfume de algo que está en los lindes de lo posible, el lugar justo en que más afuera hace frío o más adentro hace calor, en esta nada que es casi un espacio virtual, se mueven estos poemas de la poeta Juana M. Ramos agrupados en el libro *Multiplicada en mí.* Los suyos son poemas en sí y para sí, casi no necesitan un objeto poético al cual dirigirse. Ilustra esta percepción el poema "Pensar en ti", este "ti", sugiere una persona de existencia real a la cual se dirige la hablante poética, aislada del mundo, salvo que en este caso es solamente un pretexto para describirnos, no a la persona pensada, sino para calificar la acción de pensar en esa persona, así la existencia del objeto del pensamiento ya no tiene importancia, se piensa en alguien superando lo que pudiera haber dejado ese alguien, esto es liberación.

La voz poética dice:

> *Un espesor estancado*
> *casi hediondo, putrefacto,*
> *aborreciblemente desquiciado*
> *de otoño en repentina retirada,*
> *de tristezas y esperanzas*
> *rompiéndoles los huesos a mis días.*

Un viaje completo, de ida y vuelta, que no describe el viaje sino lo que este ha dejado, y lo hace como acariciando las palabras para que digan, desde el umbral, lo que no podrían decir con más hielo o con más calor.

Este poema está estructurado en cuatro estrofas, disímiles en cantidad de versos, cada una comienza con el artículo indefinido un o una, que da inicio a un verso perfectamente definido, donde la poeta da otro sentido a las palabras. Son versos como para leerlos en una casa oscura, en un burdel, en la sede central de un banco, en unas cuantas oficinas a los más altos ejecutivos, en una plenaria de las Naciones Unidas, en un parlamento ante atónitos diputados, en un regimiento lleno de bestias listas para el ataque o en la soledad de una isla sin otro ruido que el golpe de las olas contra las rocas y algún gorjeo de gaviota.

Veamos estos primeros versos de estrofa:

Un espesor estancado...
Una absurda manada de ojos...
Un febrero chorreando tus olores...
Una ramera palabra indecente...

Uno, lector despistado, queda estupefacto, como entumecido del cerebro, para caer luego en la cuenta de que el poema no es lo que parece. Es solamente un roce mágico, casi una caricia, un leve recuerdo de una pasión, un sentimiento situado en los lindes de lo que fue y de lo que es. Visto desde un espacio tiempo otro al del ayer, para dejarnos la sensación de que se está hablando de lo que está en los lindes de lo real y lo irreal, otra versión del dolor o del desamparo o quizá simplemente una maldición antes del olvido, y es que las palabras o dicen o insinúan, salvo que aquí lo dicho nos remite a lo que no se dice y en este sentido vale tanto lo que se dice como lo que se calla.

Puedo decir, con la seguridad de un loco, que la poesía contenida, o mejor dicho atrapada, en *Multiplicada en mí* es una huida hacia adelante, algo muy superior, desde el punto de vista de lo sublime, a la contemplación o a la exposición del dolor que ataca al amor propio. Sin estar en lo hermético, Juana M. Ramos nos habla de lo suyo con los atisbos de lo imposible, lo que no se puede decir con palabras otras que no sean las del sentido oculto, pues lo que se quiere decir está más allá de lo dicho.

Confirmo esa sensación que me deja su poesía con los primeros versos del poema "Tanto adiós":

Partido por el filo de mi lengua
se me escurre tanto adiós en las palabras
con la paz de la ciudad que hay en tus ojos
sepultada por el polvo de mis celos.

Son poemas como para quedar temblando, no del cuerpo, sino del alma.

Tito Alvarado
(Montreal, 20 de abril de 2012).

Multiplicada en mí de Juana M. Ramos

Dicen que comentar el libro de alguien que uno conoce no es válido, pues no tiene la suficiente objetividad; presumo que ha de ser cierto, ya que es una opinión de los académicos que saben de esas cuestiones. Pero, hablar sobre una pluma que uno conoce más allá de la mano nos lleva a aquel comentario del zorro de *El Principito*, en relación a cómo uno retoma el recuerdo y lo transforma, trae de vuelta a la persona y, de una manera especial, puede conversar con ella.

La poesía de Juana M. Ramos refleja el desarraigo, la ciudad aplastante y una rabia que le habla a las ausencias… de amores, de seres. Tiene los filos de esquinas oscuras, la fuerza del fuego y la suavidad de los pétalos. Uno transita sus versos sintiendo cómo se van pariendo palabras partidas, despedidas cotidianas, ella lo dice: "partido por el filo de mi lengua/ se me escurre tanto adiós en las palabras", y es inevitable visualizar a un ser que deambula por una ciudad angular y fría, cargando un saco de cenizas, que va arrojando al viento mientras anuda palabras en los semáforos.

Umbral tras umbral, Juana se multiplica en espejos paralelos, oscuros, desengañados. De todas las figuras saca llamas y filos para conjurar y conjurarse, por momentos les habla a otros, a la ciudad, pero sus versos dejan la duda si no le está hablando al espejo, a todas las Juanas que es y no quiere ser.

Dice Danilo Doyharzábal, un magnífico poeta que se esconde en los pliegues acuáticos de Santa Fe de la Vera Cruz, que existen dos tipos de poetas, los que escriben con la cabeza y los que lo hacen con las entrañas. No cabe duda que Juana M. Ramos se multiplica en sí misma y es un alma desnuda que se desliza por los laberintos de Nueva York, dejando palabras heridas en hojas que el viento eleva más allá de las moles grises que tratan de aprisionarla.

Blanca Salcedo,
Formosa, enero de 2013.

Blanca Salcedo (Formosa, Argentina). Escritora y videasta, ha publicado 7 libros de cuentos y 3 de poesía, además de figurar en antologías nacionales e internacionales, cuenta con publicaciones en diversos periódicos, fue convocada por el Diario Clarín como referente cultural en la colección Argentina Pueblo a Pueblo. Ha recibido premios nacionales e internacionales, entre ellos el Gran Premio Nacional Leopoldo Marechal (1995) y uno de sus libros mereció faja de honor de la Asociación de Escritores Argentinos (2000).

La voz de Juana M. Ramos

La voz de Juana M. Ramos se multiplica en rebeldías. Su pecho se ha convertido en un campo de batalla donde se enfrenta con esa víscera palpitante, violentando al abecedario y contrarrestando las voces que la asaltan. Acorazada o acorazonada, se antepone, prepara el estoque final y toma de su aliento las únicas armas que en desvelo y al desnudo le da su pensamiento crítico, como un motín abortando todas las tristezas, salvando lo más primigenio del arte poética: el fuego de todos los fuegos, en la tarea de la deconstrucción de una cultura dogmática, incriminadora y colonialista.

Elizabeth Cazessús

Biografía de la autora

Juana M. Ramos nació en Santa Ana, El Salvador y reside en la ciudad de Nueva York donde es profesora de español y literatura en York College, CUNY (La universidad pública de la Ciudad de Nueva York). Ha colaborado en la organización de diferentes eventos literarios en NY; ha participado en festivales internacionales, entre ellos el XIII y XIV Encuentro Internacional de Poetas en Zamora, Michoacán, México; en el III salón del Libro Iberoamericano de Huelva, en Andalucía, España; en La Feria del Libro de Santo Domingo en República Dominicana y en La Feria del Libro de Bogotá, Colombia; en La Feria Internacional del Libro del Palacio de Minería-UNAM, en México, D.F. ; en el I y II coloquios sobre Latinos en los Estados Unidos organizado por Casa de las Américas, en la Habana, Cuba; en el festival de poesía en Honduras El turno del disidente y en el Festival Internacional de Poesía de Puerto Rico. En junio de 2010 Artepoética Press publicó en Nueva York la primera edición de *Multiplicada en mí*. Además, sus poemas y relatos han aparecido publicados en la Antología del Encuentro de Zamora, Michoacán (2009-2010), en la Antología Poesía sin fronteras: Poetas latinos en NY, miCielo ediciones, México, D.F. en Memorias del Festival de Nueva Poesía Poetas en NY, Tinta Seca, México, D.F., en Revista Surco Sur , Tampa, Florida; Antología Festival Internacional de Poesía Ciudad de Nueva York 2012 (NY), Periódico cultural Vecindad (NY), Trazos: Revista literaria y cultural (NY), Campo de los patos (Asturias, España), Revista de literatura Cuadrivium, mayo 2013 (Puerto Rico), además de revistas digitales como La Jiribilla, Cuba; La ventana, Casa de las Américas, Cuba; Redipe: Red Hispanoamericana de Pedagogía, entre otras.